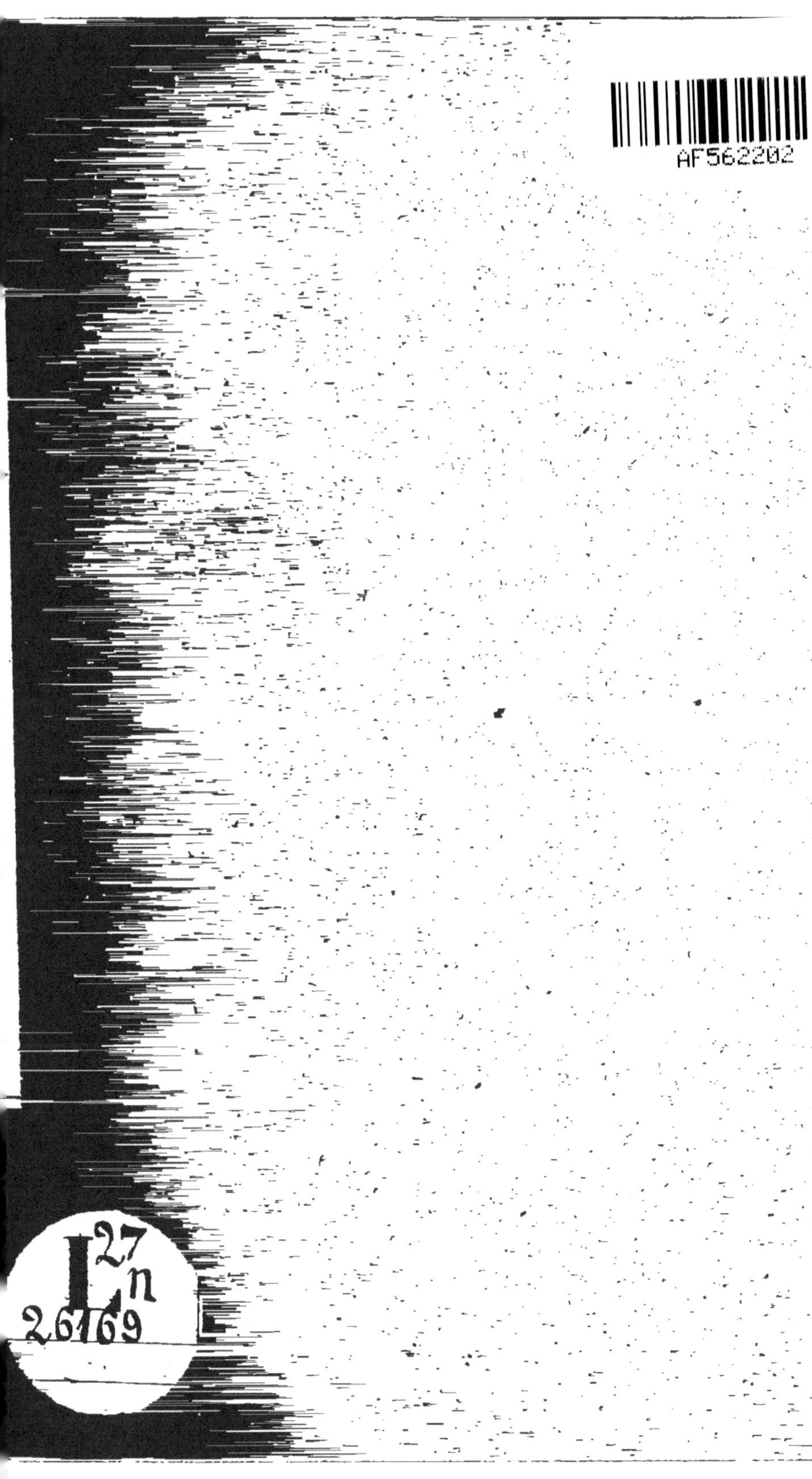

FAIDHERBE

Paris. — Imprimerie Viéville et Capiomont, 6, rue des Poitevins.

PORTRAITS MILITAIRES

LE GÉNÉRAL FAIDHERBE

PAR

JULES ROLLAND

AVEC UNE PHOTOGRAPHIE

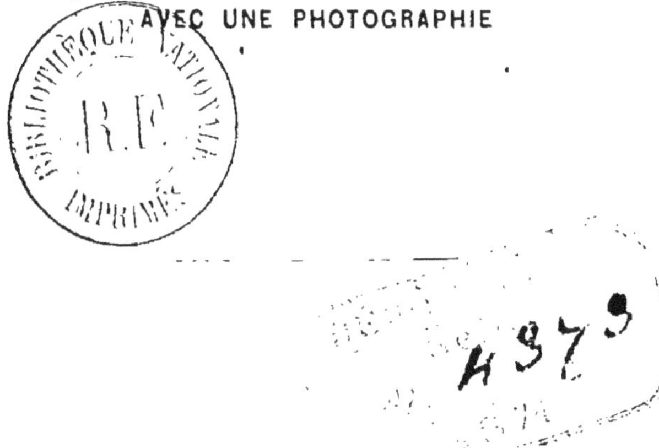

PARIS
FRÉDÉRIC GIRAUD, LIBRAIRE-ÉDITEUR
19, RUE DE SÈVRES, 19

1871

FAIDHERBE

« Je ne me suis jamais occupé de politique avant la guerre. L'existence militaire que j'ai menée presque constamment hors de la France m'a toujours assez occupé pour absorber toutes mes pensées et tout mon temps. *Je ne m'en suis pas mêlé pendant cette campagne*, ma mission m'ayant paru trop élevée pour songer à autre chose qu'à la défense du pays. Je n'en ferai pas dans ce récit, exposé sans esprit de parti et pour tous. »

Cette sorte de profession de foi n'est pas du général Faidherbe, vous le pensez bien, soldats et gardes mobiles qui avez combattu sous les ordres de cet habile homme de guerre; je l'ai détachée de la *Préface de la deuxième armée de la Loire*. Ces paroles, remarquables par leur simplicité, je les offre à méditer à tous nos généraux, au général Faidherbe en particulier.

La politique, voilà ce dont s'est trop occupé le commandant en chef de l'armée du Nord. Je comprendrais qu'un général sans capacité ait eu recours au vulgaire moyen de flatter les niais qui, trop souvent hélas! font les renommées. Mais le général Faidherbe, lui, un homme dont les talents militaires sont incontestables, se commettre au point de jeter de la poudre républicaine aux yeux de patriotes qui s'enflamment à froid? Voilà ce que je n'ai jamais pu m'expliquer.

Pourquoi, dans tout ordre du jour, pourquoi, à toute occasion, crier vive la république? N'y avait-il donc pas assez de braillards, Dieu du ciel! qui poussaient ce cri après avoir bavé la *Marseillaise?*

A part que cela faisait sourire, c'était manquer de

tact et de délicatesse : en effet, à ceux qui ne professaient point l'opinion républicaine, cela rappelait, en les froissant, qu'ils combattaient sous un autre drapeau que le leur ; cela ne pouvait que refroidir leur courage. C'est pour la France que légitimistes, orléanistes, bonapartistes ont versé leur sang, non pour la république, forme de gouvernement qu'ils réprouvent.

En face de l'ennemi, criez : Vive la France ! ou vous n'êtes ni loyal, ni chevaleresque, ou vous n'êtes qu'un égoïste républicain, deux mots malheureusement synonymes.

A regret nous ajouterons que le général Faidherbe ne dédaigna jamais la réclame. Lui arrivait-il, étant au Sénégal, de rosser le moindre roitelet du Cayor, vite des applaudissements dans les journaux de Paris, des louanges par-ci, des louanges par-là, et des articles et des articles !... Sapristi ! pensions-nous, voilà un général qui a le secret de se mettre bien avec MM. les journalistes ; ce doit être un malin !

Le général Faidherbe, bizarre coïncidence, est

venu au monde dans la ville même qu'il a été appelé à défendre contre les Prussiens. Faidherbe est né à Lille, le 3 juin 1818.

En 1838, il fut reçu à l'École polytechnique et de là, après deux années d'étude, envoyé à Metz, en qualité de sous-lieutenant élève du génie.

Pendant son séjour à l'École d'application, le général Faidherbe, entraîné par son ardente jeunesse, commit quelques..... irrégularités qui lui causèrent des embarras financiers et une grande souffrance d'amour-propre : les ressources du sous-lieutenant étaient fort maigres. Hâtons-nous de dire que Faidherbe, dont la probité a toujours été irréprochable, ne voulut point quitter la capitale de la Lorraine, avant d'avoir liquidé l'arriéré résultant de ses folies de jeunesse.

C'est en 1844 que Faidherbe se mit en route pour l'Afrique qu'il ne devait quitter qu'accidentellement jusqu'à l'année 1870. En effet, il ne prendra part ni à la guerre de Crimée, ni à celle d'Italie, ni à celle du Mexique.

A peine arrivé dans la province d'Oran, le général Faidherbe se livre à l'étude des moyens propres à exploiter les richesses de notre colonie; il travaille avec ardeur et persévérance, et ses travaux ne tardent pas à être remarqués. Il reçoit les félicitations du ministre de la marine, et se voit maintenu dans la position où il peut se consacrer à l'œuvre importante et utile que ses goûts lui ont fait entreprendre.

En 1848, Faidherbe est envoyé à la Guadeloupe qu'il quitte en 1849, pour revenir sur le sol africain; cette fois, non dans la province d'Oran, mais dans la province de Constantine.

C'est à cette époque qu'il prit part à plusieurs expéditions, notamment en Kabylie.

En 1851, dans la *campagne* dirigée par le général Bosquet, sur les bords de l'Oued-Bou-Sellam [1], entre Sétif et Bougie, il a les pieds gelés. Sa brillante conduite et le courage qu'il a déployé lui valent le grade de capitaine.

1. Rivière qui se jette dans la Zowah.

Cette récompense devait être bientôt suivie d'une autre plus précieuse : en 1852, on fait passer Faidherbe au Sénégal, comme sous-directeur du génie. Là, ses facultés, ses talents se révèlent dans toute leur force, et deux ans après, Faidherbe est nommé à la fois chef de bataillon et gouverneur de la colonie.

Dans cette nouvelle et importante position, nous l'avons déjà dit, le général Faidherbe devait faire parler fréquemment de sa personne. Les absents ont toujours tort, dit le proverbe. A Paris, le gouverneur du Sénégal eut toujours raison.

Pour être juste, avouons que l'administration de Faidherbe fut intelligente, vigoureuse, et que les nombreuses expéditions entreprises par cet officier supérieur du génie furent plus d'une fois hardies, presque toujours utiles à la domination française.

L'une des plus importantes et des plus fécondes en résultats, est celle faite en janvier 1861 contre le roi du Cayor[1], qui inquiétait nos frontières, et

1. État de la Nigritie, chez les Ghiolofs.

dont Faidherbe soumit à peu près tout le territoire maritime, ainsi que la rive droite du Sénégal (État d'Oualo), jusqu'au delà de Balthel de Médina, dans le Guadiana. Dès lors notre colonie cessa de payer le *droit de trafic* auquel elle était soumise depuis 1819.

A la suite de cette expédition, Faidherbe fut nommé colonel et promu officier de la Légion d'honneur.

Vers cette époque de la vie du général, se place une particularité qui ne manque pas d'intérêt.

Le maréchal Bazaine, on se rappelle que cela fit beaucoup parler, était parti pauvre ; il revint du Mexique, marié, mais..... riche ; ce fut le plus beau résultat de l'expédition.

Faidherbe, lui, ne revint pas ; il demeura, mais épousa une femme charmante ; ce mariage, loin d'atténuer le succès de l'expédition entreprise, ne fit que le confirmer et le compléter.

Voici :

Pour obtenir l'*aman*, le chef de l'un des États

vaincus, se voit forcé de livrer en otage au gouverneur ses fils et sa fille, une belle et superbe Africaine. Or le gouverneur, s'étant épris de la princesse, lui fait son éducation, et... l'épouse; n'y a-t-il pas là matière à un opéra-comique?

Madame Faidherbe est une femme douée de beaucoup de grâce et d'une grande distinction; son teint bronzé imprime à sa beauté un caractère viril.

Il semblerait que le mariage ait porté bonheur à Faidherbe : à dater de cet événement, le gouverneur marche, vole plutôt de succès en succès. Entre autres, mentionnons le suivant :

Faidherbe fait reconnaître notre souveraineté à un prétendu prophète, Omer-el-Hadji, qui avait acquis sur les populations noires et de couleur une influence analogue à celle qu'avait exercée Abd-el-Kader sur les Arabes, et qui menaçait notre colonie; plus encore, il exige de ce prophète et obtient la presqu'île du Cap-Vert et la province du Diander, pays qui n' pas moins de cent lieues carrées, et qui se trouve situé entre la baie d'Iof et la Gambie.

Faidherbe se montra au Sénégal, non-seulement homme de guerre, mais administrateur actif, capable. Il établit de vastes chantiers de fabrication et de construction, qui sont aujourd'hui en pleine activité et font l'éloge de celui qui les a organisés. En outre, il agit avec habileté, en autorisant Si-Mahmoud-el-Moghdad, un des marabouts les plus influents, à entreprendre le pèlerinage de la Mecque; ce respect dont il fait preuve pour la religion de Mahomet lui obtient l'estime de tous les sectateurs du prophète.

Peu après, au mois d'août 1861, le général Faidherbe, dont la santé se trouve ébranlée par l'excès du travail et un climat très-rude, vient en France prendre quelque repos. Le 5 octobre, il est remplacé au Sénégal, par le colonel Jauréguibéry, et nommé commandeur de la Légion d'honneur.

Faidherbe, dont la santé est bientôt rétablie, grâce à sa robuste constitution, va reprendre ensuite l'administration de notre colonie. Le 20 mai 1863, il est promu général de brigade.

Le 17 juillet 1865, il quitte définitivement le Sénégal ; il est nommé commandant de la subdivision de Bone, en Algérie.

Comme le général Chanzy, ce n'est qu'après nos premiers désastres que le général Faidherbe fut rappelé en France, pour prendre part à la triste guerre que la France a soutenue pendant plusieurs mois.

L'armée du Nord, commandée d'abord par le brave Bourbaki, s'était avancée jusqu'à Senlis, en évitant de livrer bataille à l'ennemi : la tactique de Bourbaki était de n'en venir aux mains avec les Prussiens que sous les murs mêmes de Paris.

A ce moment, Faidherbe, récemment promu au grade de général de division, fut nommé commandant en chef de l'armée du Nord, en remplacement de Bourbaki.

On peut dire que Faidherbe a fait tout ce qu'il était possible de faire, dans une saison extraordinairement rigoureuse[1], avec une armée peu nom-

1. Le froid était si intense que l'eau-de-vie gelait dans les bidons.

breuse, dépourvue de cavalerie et composée de jeunes soldats mal équipés, mal vêtus, mal nourris... lorsqu'ils l'étaient.

On ne sera peut-être pas fâché de retrouver ici la composition primitive de l'armée du Nord.

ARMÉE DU NORD

TROUPES ATTACHÉES AU QUARTIER GÉNÉRAL

Artillerie. — 1re et 2e batterie montée de 12.

Génie. — 2e compagnie *bis* du 2e régiment et 2e compagnie de dépôt du 3e régiment. — Parc du génie.

Cavalerie. — 2e escadron de gendarmerie. — 2e escadron de dragons. — 1 peloton de dragons attaché à l'état-major général.

1re DIVISION D'INFANTERIE

(Général Lecointe). 1re *brigade* (colonel Dorroja)

2e bataillon de marche de chasseurs. — 1er et 2e

bataillon de marche du 75e. — 1er bataillon de marche du 65e. — 67e régiment de marche. — 5e, 6e et 7e bataillon de mobiles du Pas-de-Calais.

2e *brigade* (colonel Moynier)

17e bataillon de marche de chasseurs. — 1er et 2e bataillon de marche du 24e. — 1er bataillon de marche du 64e. — 68e régiment de marche. — 46e régiment de mobiles (1er, 2e et 3e bataillon du Nord).

3e batterie *bis* du 12e (pièces de 8). — 1re batterie *bis* du 15e (pièces de 4). — 2e batterie *bis* du 15e (pièces de 4).

2e DIVISION D'INFANTERIE
(Général Paulze d'Ivoy)

1re *brigade* (colonel de Bessol)

2e bataillon de chasseurs. — 1er et 2e bataillon du 43e de ligne. — Bataillon d'infanterie de marine. — 69e régiment de marche. — Régiment de mobiles du Gard (2e, 3e et 3e *bis* bataillon du Gard. — 44e régiment de mobiles.

(2e *brigade*) (colonel Thomas)

18e bataillon de marche de chasseurs. — 1er et 2e bataillon du 91e de ligne. — 1er bataillon du 32e de ligne. — Régiment de mobiles de la Somme et de la Marne (4e bataillon *bis* de la Somme et 2e de la Manche).

2e batterie du 15e (4). — 3e batterie *bis* du 15e (4). — 3e batterie *bis* du 15e (12).

3e DIVISION D'INFANTERIE

(Amiral Moulac). — 1re *brigade* (capitaine de vaisseau Payen)

19e bataillon de marche de chasseurs. — Régiment de fusiliers marins, 3 bataillons. — 48e régiment de mobiles (7e, 8e et 9e bataillon du Nord).

2e *brigade* (commandant De la Grange)

1er bataillon de mobilisés du Pas-de-Calais. — 47e régiment de mobiles. — 4e, 5e et 6e bataillon du

Nord. — 48e *bis* régiment de mobiles (10e, 11e et 12e bataillon du Nord).

Cette armée, laborieusement créée par Bourbaki, ne tarda pas à acquérir de la valeur ; Faidherbe, par son énergie, acheva de lui donner l'esprit militaire, la bravoure, l'entrain ; on eût dit une armée de vieux soldats.

Ajoutons que ces jeunes *vieux soldats* avaient la plus grande confiance en leur chef qu'ils avaient malicieusement baptisé du nom de Finès-Herbes.

C'est avec cette armée que le général Faidherbe livra de nombreux combats, déjoua plus d'une fois les plans stratégiques de Manteuffel et gagna deux batailles relativement importantes : Pont-Noyelles et Bapaume.

Comme tacticien, Faidherbe se distingue par une rare prudence. Dans la dernière guerre, on l'a vu, avec de jeunes soldats qui marchaient pieds nus et souffraient de la faim, tenir tête à une armée aussi admirablement pourvue en vivres qu'en munitions, toujours nombreuse et souvent renforcée par des troupes fraîches. C'est que le commandant en chef de l'armée du Nord se ménageait toujours une retraite et, après chaque bataille, avait le soin de se replier sur des positions dont l'importance rendait l'attaque redoutable à l'ennemi. Lorsque son armée avait ainsi pris du repos, complété ses approvisionnements et ses munitions de guerre, le général Faidherbe reprenait ses opérations avec une nouvelle vigueur, souvent avec succès.

On a eu un exemple de cette tactique à la bataille de Bapaume.

Le général Faidherbe avait battu les Prussiens à Pont-Noyelles ; il se garda de les poursuivre, de crainte qu'on opposât à ses troupes fatiguées des troupes venues des environs de Paris. Il se porta entre Arras et Douai pour laisser quelques jours de repos à ses troupes. Lorsque celles-ci eurent complété leurs approvisionnements et repris des forces, Faidherbe, voyant que l'ennemi n'osait l'attaquer, résolut d'aller à sa rencontre — et lui livra une bataille qui dura trois jours. En voici le récit :

Le général Faidherbe, après avoir fait balayer par la division Lecointe les environs d'Arras, s'avança, laissant sa gauche appuyée sur la Scarpe, vers Rœux, et sa droite à la hauteur de Beaumetz-les-Loges.

L'armée du Nord formait une ligne convêxe en avant d'Arras.

Les Prussiens occupaient Ervillers, Béhagnies et Sapignies ; Bapaume était leur centre d'opérations.

Faidherbe, à la tête de ses troupes, délogea lui-même 1,500 Prussiens d'Achiet-le-Grand et, à Sapignies, un très-vif engagement eut lieu. On se battit avec des alternatives égales, de 11 heures du matin à 4 heures du soir, malgré l'infériorité de notre artillerie, dont 18 pièces se trouvaient engagées contre 42. Bref, ce jour et le lendemain, l'armée du Nord n'avait que gardé ses positions. Le troisième jour seulement, le succès se dessina en notre faveur, grâce à une concentration rapide de toutes nos forces dirigée par le général Faidherbe en personne :

après une lutte acharnée, héroïque, et qui fit honneur à nos jeunes soldats, les Prussiens étaient chassés de Grévilliers, Favreuil, Ligny-Tilloy, Mory, Binevilliers, Bihucourt et des faubourgs de Bapaume. Cette dernière ville elle-même ne tardait pas à être évacuée par Manteuffel ; dès lors, une position des plus importantes tombait en notre pouvoir : Bapaume, ville située à 35 kilomètres au sud d'Arras, et à 28 au nord de Péronne, est près du point de croisement des deux routes : l'une qui conduit, par Saint-Quentin, vers Reims et l'Est ; l'autre qui descend par Compiègne sur Paris. Bapaume n'est qu'à cinq jours de marche de Paris.

Faidherbe était à la fois maître de la clef des routes de l'Est par Saint-Quentin, et de Paris par Compiègne.

Malheureusement, ce résultat fut bientôt annulé. L'armée de Bourbaki, par la faute de l'incapable Garibaldi, était en complète déroute ; l'armée de Chanzy avait été battue au Mans. Rien n'était donc plus facile aux Prussiens que de détacher des forces contre l'armée du Nord. Ces forces, qu'on a évaluées à cent mille hommes, furent expédiées par tous les moyens de locomotion dont les Prussiens disposaient sur notre territoire.

L'armée du Nord, après une lutte acharnée contre des forces infiniment supérieures, reçut l'ordre d'abandonner Saint-Quentin que l'ennemi commençait à bombarder, et battit en retraite... si l'on peut appeler cela une retraite.

Le lendemain de la défaite, les débris de l'armée arrivèrent à Cambrai dès l'aube... « Quel triste et navrant spectacle que celui-là ! Des soldats blessés isolés, couverts de boue jusqu'au-dessus de la ceinture, harassés, épuisés de fatigue, le visage blêmi par les privations, se traînant péniblement, douloureusement. Leurs chaussures et leurs pantalons ne présentaient plus qu'une masse informe de boue. Un grand nombre d'entre eux marchaient pieds nus ! Ils n'avaient plus rien du militaire, plus rien du soldat ! C'était bien là l'armée en haillons. Par la rue conduisant à la station, arrivaient les charrettes de blessés. Ces malheureux, pâles, hâves, l'œil sombre, les uns déjà amputés, les autres n'ayant pas été pansés, semblaient attendre tranquillement la mort.

« Sur la place d'Armes venaient se réunir le matériel et les canons qu'on avait pu sauver du désastre. Tout avait un aspect lugubre, et portait les traces visibles d'une lutte acharnée et de fatigues surhumaines. »

Cette triste défaite de Saint-Quentin nous remet en mémoire une dépêche optimiste, pour ne pas dire mensongère, que le général Faidherbe eut la mauvaise inspiration de lancer.

Dans cette dépêche, il affirmait que ses troupes avaient *admirablement* tenu, et que, s'il ordonnait la retraite, c'était dans le *seul but* d'éviter un bombardement à la ville de Saint-Quentin !

Ce télégramme, après un désastre, ne nous révolta pas moins que le discours *fou furieux* que le dictateur Gambetta prononça à Lille, deux ou trois jours après.

Le général Faidherbe est non-seulement un habile tacticien, mais c'est aussi un brave. Sur le champ de bataille, il paye toujours de sa personne ; peut-être même a-t-il le défaut de trop s'exposer.

Une anecdote à ce sujet :

C'était avant la bataille de Pont-Noyelles. Faidherbe voulut se rendre compte par lui-même des positions que l'ennemi occupait. Il s'avança donc au delà des avant-postes français. Tout-à-coup, à cinquante pas, un soldat prussien apparaît, qui se tenait caché derrière une meule de foin ; il vise notre officier supérieur. Mais au même instant où le coup part, le cheval de Faidherbe glisse et tombe sur les genoux de devant.

Le général avait échappé à la mort par miracle.

« Voilà un brave, » dit-il, en voyant le soldat prussien s'éloigner à pas lents et sans crainte.

On n'est pas plus insouciant en face de la mort.

De taille au-dessus de la moyenne, le général Faidherbe a les épaules larges, le front élevé, la moustache brune. Sa physionomie, qui, cependant, dénote un esprit profond, n'inspire aucune sympathie ; les lunettes qu'il porte constamment, à cause de sa mauvaise vue, lui donnent quelque air de perfidie.

D'une intelligence remarquable, le général Faidherbe est aussi un savant. Il s'est fait connaître en écrivant, sur le Soudan et les États de l'Afrique occidentale, bon nombre de documents et mémoires insérés dans le *Bulletin de la Société de géographie*, les *Nouvelles annales de Voyages*, etc. Il fait publier un annuaire du Sénégal en quatre langues : Français, ouolof, toukouleur, sarrakhollé (1860 et suiv.)

Comme Chanzy, Faidherbe est un de nos généraux en qui nous mettons le plus d'espérance.

Mais pour la France, M. Faidherbe, ne vous occupez plus de politique !

Même pour vous, M. Faidherbe, oubliez la politique ; vous risqueriez fort de vous rendre ridicule comme le jour où, simple particulier, vous avez prétendu donner une leçon à nos sept cent cinquante représentants.

Pour un général, en matière politique, le silence est d'or; ne cessez de vous le répéter.

A LA MÊME LIBRAIRIE

SOUVENIRS DE CASEMATES

PAR

UN FRANC-TIREUR DE STRASBOURG

In-8°. — Prix : 60 centimes.

LE TRIO INFERNAL
BISMARK, MOLTKE, GUILLAUME

Par RIGAUD

4e édit. — In-8°, avec trois portraits. Prix : 1 franc.

Après cette lecture, on possède à fond ces trois figures si bien caractérisées : Bismark, « nature perfide et hypocrite, l'âme de l'Allemagne » ; Moltke, « le génie du mal » ; Guillaume, « vieillard ivre de sang et d'orgueil, digne descendant de cette race étrange, comme disait Saint-Simon, roide d'allures, mais souple d'esprit, au cœur pieux, aux mains *prenantes.* »

Un épilogue termine les trois biographies, ornées chacune d'un beau portrait : le crayon a rivalisé avec la plume.

LES DERNIÈRES VISIONS DU ROI GUILLAUME

Par Louis LEFRANÇAIS

Sixième édition. — Prix : 10 centimes.

LA

COMMUNE

Par MARC DE BEAUCHAMP

Deuxième édition.

I. Qu'est-ce que la Commune? — II. Égoïsme! — III. Ignorance. IV. La Commune de sang. — V. La Commune infernale. — VI. Paris devant la France. — VII. La statue de Voltaire. — VIII. Les journalistes canailles.

In-12 de 64 pages. — Prix : 50 centimes.

CONSEILS AU PEUPLE

PAR LOUIS LEFRANÇAIS

3e édition. — In-12. Prix : 20 centimes.

I. Comment il faut agir avec les démagogues. — II. Comment se font les révolutions. — III. A qui profitent les révolutions. — IV. De la liberté démagogique. — V. De l'égalité de messieurs les démagogues. — VI. La Patrie est en danger. — VII. Ce qu'il faut faire.

PORTRAIT DU COMTE DE CHAMBORD

SUR BEAU PAPIER

(20 centimètres, marges non comprises)

Prix : 60 centimes.

HENRI V

ET LES

PRINCES D'ORLÉANS

Par le prince Henry de VALORI

Septième édition. — In-12 de 72 pages. Prix : 75 cent.

Le Pacte. — Le Droit. — Les Bourbons. — Les Orléans. — La Réconciliation. — M. Thiers. — Conclusion.

CHARETTE

TROUSSURES

ET LES ZOUAVES PONTIFICAUX

—

CAMPAGNE DE FRANCE

—

Par le prince Henry de VALORI

Aide de camp du général d'Azémar.

Sixième édition. — In-12. Prix : 25 centimes.

Paris. — Imprimerie Viéville et Capiomont, rue des Poitevins, 6.

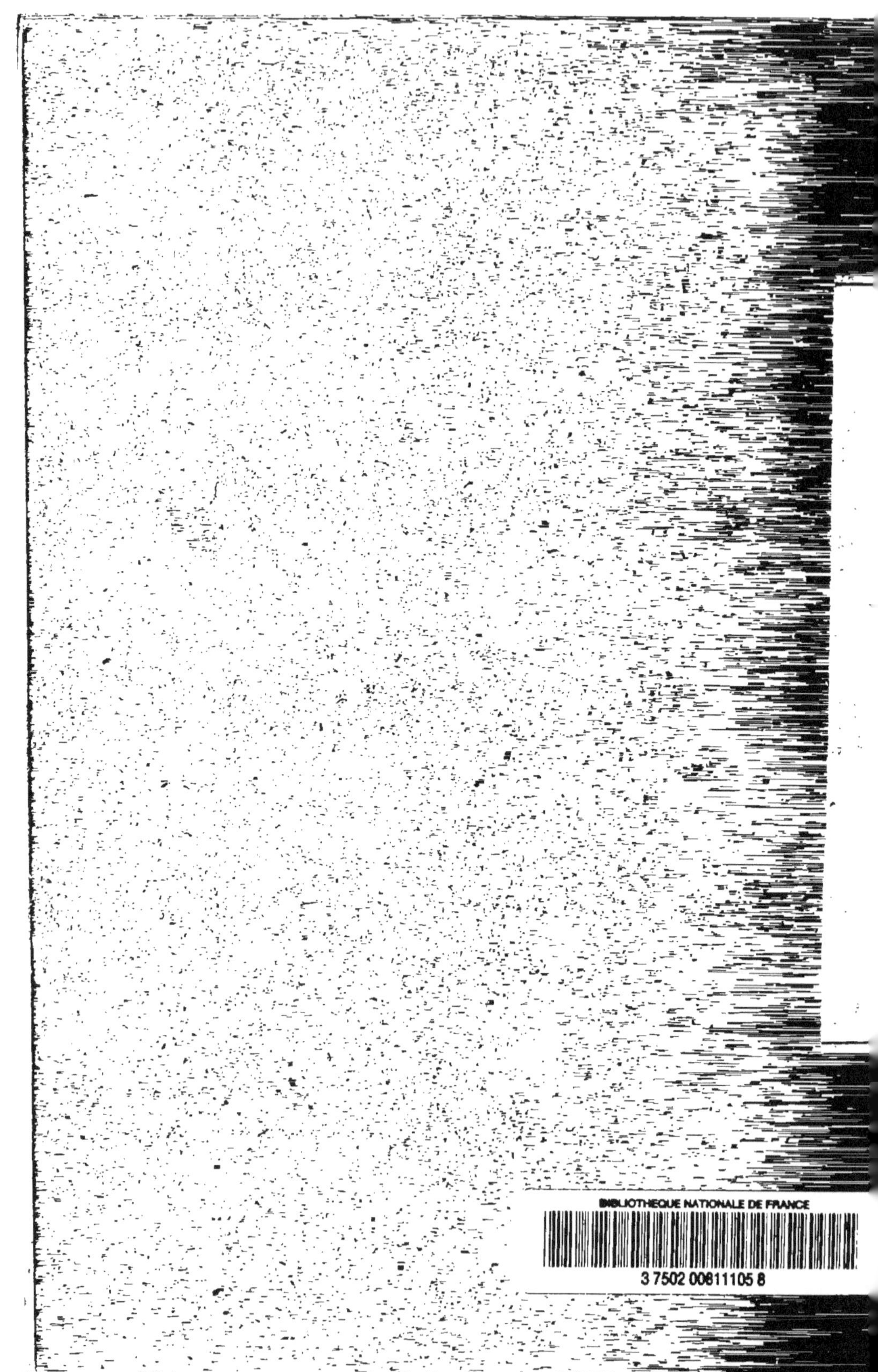

www.ingramcontent.com/pod-product-compliance
Lightning Source LLC
LaVergne TN
LVHW020256230826
846091LV00006B/2450

* 9 7 8 2 0 1 3 3 8 2 9 3 9 *